AF392633

SERGIO H. GARCÍA
Tengo la boca llena de tierra

Buenos Aires Poetry, 2023
80 p.; 15.24 x 22.86 cm
ISBN 978-987-8470-59-7
Poesía Mexicana

Editorial ©Buenos Aires Poetry

Colección ©Pippa Passes

Diseño editorial ©Camila Evia

BUENOS AIRES POETRY

editorial@buenosairespoetry.com

www.editorialbuenosairespoetry.com

www.buenosairespoetry.com

BUENOS
AIRES
POETRY

PIPPA
PASSES

Tengo la boca llena de tierra

Sergio H. García

SERGIO H. GARCÍA

—

Tengo la boca llena de tierra

A doña Concha, mi madre,
por ser siempre ahí.

A mis queridos No-30,
por su siempre apoyo y sabiduría.

A todos los que directa o indirectamente
son estos poemas.

No alcanza para amaneceres fríos

Tlalocman

1. La ciudad es un océano
de peces que sueñan
un cazo sin vías de escape
y los sueños   la principal
causa de entumecimiento
de las coladeras

2. Cuando inicia el naufragio
las primeras en saltar al mar
son las ratas

No existe valentía
en dejarse hundir

3. Termina la primavera
llueve
y las alcantarillas
abren el capullo de la suciedad

Nos encontramos fuera del Metro

4. El agua nos cubre las rodillas
temo más por mi celular
que por los cables de luz rotos

Esperamos el camión
tal vez una pecera flotando en el mar
sea más segura que las corrientes marinas

5. Los diluvios   como los suicidios
son el inicio de toda trágica historia
y no su final

6. Me hundo
pienso en nadar
pienso que debería nadar
pienso que debería intentar nadar

algo pesa

   suelto mis sueños

          floto

Pecera

Estoy de pie
en este mundo que
no conforme
con no parar
me hace girar
con él

Cristales

Detrás del vidrio de la ventana,
monstruos insomnes
rompen el iluso cartílago
que sostiene el espejo del sueño
Hay cadáveres que salen del panteón
para invadir casas
de fantasmas
abnegados
que juegan a vivir
Leprosos orcos vestidos a camisa y sastre
seducen brujas ebrias
de sombreros caídos
y las besan, y las tocan, y las violan
y les cortan todo rastro o intención de habla

Hay reyes sordos
que nunca aprendieron
a leer el gesto pútrido de la desesperación
y gargantas subyugadas
que lo único que gritan
es la orfandad

Aquí
tras del vidrio
las ilusiones mueren y

astronautas de cuerpos iluminados
aterrizan sobre la alfombra
como morusas de luz

El rescate falla

Los esfuerzos son innecesarios

No existe esperanza capaz
de desfibrilar un mundo
donde se siembran corazones
y rostros desollados
para cosechar muertos

Padre Nuestro

Padre nuestro
mío
de ellos
árboles
vagabundos
perros y gatos de la calle
Padre de los diputados
sicarios y narcotraficantes
de las piedras   montañas
y todas sus aves

Padreególatra nuestro
danos el pan por el cual morimos por ocho horas al día
por el cual luchamos contra estrés y depresión
contralashorasquepasanrápido
y l a s q u e p a s a n l e n t o
Ayúdanos a librarnos del mal
de las injusticias
la corrupción

Padre nuestro
hazte ver donde no arranquemos
los ojos por el petróleo
ni las guerras deshagan la piel
Muéstrate donde las fronteras sean

un trámite burocrático fácil de llevar
y las celdas [jaulas]
vacías
un recuerdo muerto del pasado

Padre neurótico nuestro
no necesitamos diluvio
ni fuego   ni plagas
No necesitamos primogénitos muertos
ni deshielo
No necesitamos masacres
guerras
hambres
dictaduras
No necesitamos tu ayuda para morir
hemos aprendido a rasurar la yugular

Padre invisible nuestro
invéntate en un mundo sin balas
          donde no nos falten 43 en Guerrero
          3 en Guadalajara
          80 en Sinaloa
          corrige el 68 y el 71
          el 2015
          Corrige Hiroshima
          Auschwitz

Venezuela
No olvides a México

Padre nuestro
de todos ellos
de violadores y estafadores
corruptos y secuestradores
de los dictadores
asesinos manipuladores
Padre de los misóginos racistas
pederastas y represores
Padre exclusivo de los que te rezan
¿Por qué los has perdonado?

Padre nuestro
de todos nosotros
de los reprimidos y olvidados
de los brazos mutilados de los jóvenes
Padre de los sin-rostro
prometeos de huesos quemados
huérfanos hambrientos

Padre de todos los desesperanzados
¿Por qué nos has abandonado?

Dios te salve, María

Que puedas caminar libremente
sin miedo a la falda corta
demonios liberados del mundo
que te intenta poseer
Dios te salve
de las penitentes miradas
castigo del hombre
juicio y perjuicio en un acto
Que *Dios te salve*   *María*
de tener que correr
buscar un lugar seguro
Que no te vean con uniforme
El blanco no revela el color del pavor
María   pídele a Dios que te salve
de unas manos extrañas
rodeando el cuello
jalando al auto
esfumándose en las luces rojas del trafico
Que te salve de las amenazas
Golpes
Llanto
del hombre sangrando balas
en el suelo rojo de una habitación
en una casa que siempre te pareció extraña
sola

Que te salve de su muerte

de los gritos

y el arma en tu cabeza

de las balas que rompen el cráneo

        y   s e   v   a   n

Ternuras

> *Un gesto de ternura podría salvar el mundo*
> *Pero el hombre jamás bajó los ojos*
> *A ese pozo de luz.*
> ENRIQUETA OCHOA

Ahogada en zapatos boleados de la plaza
con el sudor aplastado entre trapos y periódicos
sumida en parabrisas
el hambre conoce mi nombre
      recorre mi cuerpo y golpea
todas las paredes de mi estómago

Conoce mi nombre   mi soledad
y yo   perdido en muelles de mi rostro
curtido a recuerdos
conozco el suyo de carácter feérico
con zarpas que arrastran a callejones negros
boca de lobo   vacío de carne caperuza
inyectada hasta el cuello
de un mar frío de venenos evaporados
      cuya felicidad-mentira
 procura olvido

El olvido
    es inevitablemente necesario

06:44

En las esquinas   muchachas de besos lánguidos
sumergen dientes de sueños
en la ambiciosa tinción del oro opaco
Autobuses de óxidos teratogénicos
les hacen crecer manos ajenas en el cuerpo
como tumores lascivos a punto de metástasis

Antes de llegar a casa
niños de ropas invisibles sonríen
pues es agosto   y la lluvia
como el pan y la Coca-Cola
no les fue negada
Se respira un aire que progresa
una falsificada devaluación falsa
y la honesta y necesaria y buena cacería
de los que hablan para la verdad

No alcanza para amaneceres fríos
los precios espuman
como el pan o la tortilla
como los padres de sueños arrastrados al campo
donde lo único que se cosechan son barras y estrellas

La ciudad duerme de cabarets
y hombres sentados a oscuras

escriben sobre la habitación   los techos rotos
Sobre las figuras del cigarro
y los muertos de pasos frágiles y labios desteñidos

Eso es todo:
muchachas usadas y abusadas
niños hambrientos
y hombres engañados

Esto es mi país
mi mundo

Dormir con lobos

Los edificios son montañas
que se tronchan entre la luz
y los remanentes apoteósicos de la noche
La ciudad   *Lázaro-de-pie, anda*   gracias a las drogas:
Diclofenaco para la perforadora constante en la sien
Tempra para los efectos invernadero
Omeprazol para las alcantarillas sueltas y antes de la comida
Paroxetina para guardar las mañanas de sol
Clonazepam para no pensar en los días-noches
Haloperidol diluido en Tonayan caliente
Valium
para atar los pies al concreto   y caminar
Todos en esta ciudad caminan
Todos en esta ciudad lloran
aúllan

La palabra marchita

**Necesito de un acto de brujería para ganar
un premio nacional**

Para Blacky, Missy, Snooky y el Arana

Un año viviendo del estado
El estado perfecto
Haciendo nada
Gerardo Arana

Escribo sobre los llantos

lleno libretas

armo unodostrescuatro

27 poemarios

en los que hablo de mi padre

de su muerte

y la de mi infancia

     Los leo todos

     Los corrijo todos

     Los bendigo

Algunos son diferentes

Otros podrían ser buenos

En muchos de ellos

hay tantas lamentaciones

que podrían   acaso   si las cosas se dieran

ganar algún premio nacional

alguna beca   quizá el pan de esta tarde

Afuera mis perros ladran

a veces corren entre ellos

Su vida es fácil

no tienen versos entre ceja y ceja

que harían bien en olvidar

No tienen palabras entre los dedos

que harían bien en dejar sueltas

Ni siquiera tienen la manía

de escribir cada equivocación

cada tachadura

marcada en el papel

del rostro y los años

que no dejan de pasar sobre el cuerpo

Tocan a la puerta

Los carteros son verdugos del mundo

y los recibos de luz

su sentencia mensual

           al mal morir

Pienso en el dinero

y la tanta falta que falta

    para completar la renta

Si ganara el Aguascalientes

no tendría estos problemas por un año

Si obtuviera el Elías Nandino

quizás mis talleres estarían llenos

Si al menos   por gracias y obras de Shangó
me dieran el Amado Nervo
podría   acaso   por lo menos quizá
ser un poco más respetado

Pienso en velas negras
cartas   amarres   huevos
en un hombre conocido
        de nombre ajeno
o una mujer de cabello erizado
cantando oraciones
escupiendo el mezcal sobre mi rostro
        que haría mejor en beber

Los perros siguen ladrando
Alguno de ellos   el más grande
necesita salir a correr
explotar sus energías no gastadas
en un apartamento pequeño de Tepic
Los perros no entienden de palabras
ellos no saben de construir poemas en las nubes
        y llamarlos distinto
        acomodarlos distinto
poner tu mismo nombre en plicas distintas
y mandar a unadostrescuatro
27 convocatorias distintas
y que en esas unadostrescuatro

27 convocatorias distintas
idénticas al año pasado
premien otro mismo nombre distinto

Quizá debería rendirme
vender alguno de mis órganos funcionales
                El menos peor
y descansar fielmente de los malos hábitos del verso
Quizá debería conseguir un trabajo de pie sobre la tierra
y dejar de pensar en palabras sobre nubes
            pactos diabólicos
o brujerías que cambien alguno de mis ojos
                    medianamente malos
por la gloria y el dinero de un premio nacional
Quizá debería escuchar a mis perros
Los perros solo saben de ir a correr
            tomar la palabra ladrido
            el beso lengua
            el llamado damedecomerya
            teamomuchohumano
y jugar   ser felices
sin versos entre ceja y ceja
sin poemarios
sin convocatorias que premien
otra vez
a alguien +

Judas

Bienaventurados
los
aduladores
porque
de ellos
será
el reino
de las
instituciones

Dentar

Pienso en escribir algo nuevo
Trato de encontrarme acurrucado
bajo la sombra que deja la lluvia
cuando se marcha
y persiste la tarde

Me resisto

algo dentro como una llaga
supurando costras y años
me grita que no
que las sombras y las lluvias no combinan
que es una aberración semántica
con tres ojos   dieciséis bocas   veintiocho oídos
y un único culo
imposible fertilizante para un árbol de naranjas
un campo repleto de ciruelas
o yacas   o siquiera un cactus
que al ser cortado nos salve de la sed
de las neblinas y las avispas que pican
e inflaman la clara visón de las palabras

Por eso intento escribir algo a estas horas
para drenar la nubosidad
y que los poemas de leche
abran paso a los definitivos

Poesialmo

A veces
callar
es la mejor
parte
del
poe
ma

Migraña

De lo dicho sin pensar;
lo callado, lo escondido
entre los cabellos, lo anunciado
en habitaciones, lo amanecido de noche
entre cantos y gritos, lo petrificado en la soledad,
lo amado con discreción entre los martes, lo cosido,
lo irónico de las letras y el apellido, lo triste
de lo sonreído de lo amedrentado, lo
casi olvidado, lo olvidado, lo
perdido, lo no pasado, lo
no hablado, lo no
escrito y el
silencio

Pronóstico

Llorar a oscuras, con la habitación prendida, en la madrugada, justo sobre la línea del amanecer. Llorar sobre el desayuno, sobre el café, los bizqueces. No comer, no beber, no gritar. Llorar con la mano sobre la boca, quedo en gritos. Llorar tras una llamada, tras una película, tras una demolición del único parque que aún conservaba una banca en la que fuiste feliz. Llorar con las flores y ser rocío, cero rio, ser o río. Llorar las A's y la S's; las perdidas C's o cualquiera P que se escape en un coche último modelo. Llorar a bocanadas grandes, con el mar a distancia tocando la planta de los pies. Llorar en tornados, frente al abanico, con el calor seseante de Nayarit. Llorar angustioso, apático, simple, acusado de locura por tu propia madre. Ser desagüe, coladera, canal, río que se convierte en constelación de estrellas que se granizan. Congelar el llanto. Llamar al amigo, al primo, al sobrino, al sollozo. Sollozar para no berrear. Berrear para no gritar. Llorar a gritos, a puerta cerrada, a ballena abierta. Llorar por si sí, por si no, por si acaso. Llorar la duda y las confirmaciones. Aceptar el llanto de camino invertido; invertir el llanto del camino aceptado. Llorar por las calles, por las oficinas de trabajo, sobre las hojas, sobre las computadoras, sobre los botes de basura. Vomitar el llanto, hemorragiar las lágrimas, sumergir el sollozo. Que todo el mundo se hunda en agua de llanto, crear una barca gigante y quedarse fuera. Llorar ahogado, llorar comido, llorar desechado; ser parte del llanto de los peces, la pesadumbre que se pasa a los nietos, recesión económica a causa del llanto, crimen organizado a causa del llanto, poesía a causa firme del llanto. Llorar los sí, los no, los nunca. Llorar siempre la caída, la hundida, la despreciada y levantarse siempre. Llorar como Garrick, como Cortazar, Como Girondo. Llorar a Dios como Nietzche, a las personas como Marx, a lo absurdo como Camus cayéndose a pedazos de la colina. No dejar de vivir, no dejar de creer, no dejar de intentarlo, sucumbir ante las tentaciones, acelerar, romper el límite de velocidad, el límite de tiempo, las barreras del sonido a través del llanto y chocar contra el muro, el mismo muro, el nuevo muro, todo el muro. Despertar en pedazos y llorar, pegarte con lágrimas y llorar hasta secarte. Ser un tronco seco, una rama seca, las venas desérticas de todo lo evaporado y marchito del mundo. Llorar al mundo, sentirse minúsculo, hormiga de chapitas despintadas, llanto-chorro triste, muñeca en el abandono dentro del ropero de la abuela. Llorar a huracanes, a terremotos, a closets vacíos. Llorar la ropa dejada, la ropa nueva, la ropa rota. Perderse en el llanto de un pantalón nuevo, llorar las rozaduras, las manchas, las fiestas. Llorar en los cumpleaños, en las fúnebres fechas ante el altar. Llorar los premios, las canciones, los abrazos. Llorar en las reuniones de trabajo, en los parques; llorar en los acuarios, en el metro lleno de la hora pico. Llorar los muertos y los que viven. Llorar sus cánceres, sus leucemias, sus jamás. Llorarlos en cartas, en fotos, en audios, prometer(les)te el cambio de ira, el cambio de llanto, el cambio y llorarlo todo, y escribirlo todo.

Metas

De este verso nacerán
las raíces de mi mejor poema
Aquí no habrá lechos de muerte
ni tumbas   ni siquiera el llanto
que se seca en las mejillas
hasta convertirse en sal

A estas alturas   ni siquiera
existirán las letras del olvido
o su magnífica forma de ser silencio
Tampoco se colocarán sonrisas de la madre
o el calor oscuro sobrante del abandono

Para el verso 12 no habrá plumas
o cuervos que graznen mi historia

Procuraré no recurrir a la literatura médica
que diagnostique fiebres tipográficas
verborreas sanadas por medios físicos

En la quinta estrofa
no hablaré del padre
No
hablaré
de

mi

padre

Ni versificaré

donde

yo

quiera   Tampoco

          iniciaré   el verso

de formas raras   en-

cabalgándolo   to-

do

Solo escribiré el nacimiento de la raíz

y veré cómo el árbol florece

hasta emular la palabra marchita

que termina con este

punto [verso]

fi

nal

Los sueños de serpiente

Yesterday

No Basta con decir:
que todo recomience
Malva Flores

Conservo en mí la cualidad de los focos:
me opaco

No soy ni la mitad del hombre que solía ser
sombras nadan dentro de mi pecho

palabras represas
      y tabiques redondos caen tontos sobre el papel
cual hojas del calendario en llamas
por la fiebre que provoca visiones
Solo la fiebre y la poesía provocan visiones
Solo el amor y la memoria
no estas palabras caducas
      desde el silencio previo al llanto maremoto
no estos recuerdos   depredadores nocturnos
      ciegos
      no esta voz
      ni este mar
angustioso desesperado
y tan terco
por volver al inicio

Poema como grito para salvarnos de los sueños

Sueño serpientes
entierro esperanzas
aviso al mundo

No nos dejan salir
callo silencio
gritamos soledad
es el consultorio fauces
y esta noticia pérdida

Nos ha muerto
vidas sin un inicio
lo contenemos

Negamos todo
Nos dijeron "no hay nada"
negamos todo
vientres de huracán
el anuncio es "vacío"

Nos suscribimos
Revista para padres
llega cada mes

El correo llega
No abrimos nuestra puerta
Sombras de lo ido
Las ignoramos siempre
no hay guía en lo ciego

Dejamos de ser
Padres que no son padres
lo nunca sido

Hay bebés llanto
risa lluvia caliente
secreto de familia
Hay bebés que no son
y ni siquiera nacen

Debí gritar
los silencios nos comen
Debí gritar

Nada fue mejor
fuimos búsqueda terca
reclamos idos
Yo me volví silencio
Ella se tornó adiós

La ropa luego
mundo en la mochila
dejo mi vida

Y bien lo real:
Los bebés cambian todo
perfuman todo
la ropa se abandona
sin bebé que la cargue

Aviso al mundo
Nos dijeron "no hay nada"
sueño serpientes

Walk the line

Para Annie Nox

Johnny Cash entendía
que las estrellas no desaparecen al amanecer
Él sabía que los planetas   hoyos negros
Explosiones   esperanzas de vida
el Big Bang
no sé esfuman con el sol

Johnny Cash sabía que aunque las mariposas vuelen
y los pájaros canten
no se detendrán las tormentas   los rayos
el ácido abismo de ojos que no entienden

Johnny Cash sabía que la locura
se siente en los huesos por la mañana
y se sufre en el estómago al anochecer
Conocía el miedo al fastidio ajeno
el cansancio tras sostener una sonrisa
llena de explosiones detrás del cráneo

Johnny Cash sabía lo que es perderte
ahogado entre marejadas de recuerdos
Conocía el vació del propio reflejo
oscurecido naufragio luctuoso

       por extraños
Él hallaba verdad en eso de sentir
que el mundo te cae encima un lunes por la mañana
pero que también
todas las aguas se aclaran
y puedes volver a casa
r   e   s   p   i   r   a   r

Johnny Cash sabía que no existen infinitos
porque si el universo termina
la música termina   el amor termina
si la vida termina
entonces también el dolor
entonces también la felicidad

Moscas

Dios creó las moscas
un día que tenía flojera
les puso dos alas
seis patas
un montón de ojos
apuñados como uvas
y después
les dio el mal hábito de buscar la suciedad
Así podrían enfermar al hombre
cuando él no estuviera de ánimos

Dios creó las moscas
un día que tenía flojera
y las mandó
para que nos chingaran y enfermaran
Las creó un día de flojera
así como a las mariposas
cuando se sentía enamorado
y a Vallejo y a mí
un día que estaba enfermo

Desborde

En
algunas
leves
ocasiones
quisiera
llorar
mucho
siempre

Cosas peores que morir de sed

Domingo 12 de Junio

existe una ironía perversa en tener resaca
en llenar los precipicios internos
con el aromático sabor de un mar
con los después muros bailados   desinhibidos
brazos de una extraña   que solo
por esa noche   habla como casa
como agua de limón para la comida
a las justas dos de la tarde

pero estos son espejismos

uno despierta con los ascos
entre los amaneceres de domingo
que giran caleidoscópicamente
hasta llegar al vómito
hasta llegar al aborrecimiento de uno mismo
al asco
tan infinitamente eterno
tan angostamente amplio
tan oscuro
y tan tan tan secamente vacío
que solo nos permite vomitar
para empezar a pistear de nuevo
con la firme convicción de llenarlo
y volver a vomitar

Hombre Invisible

El reflejo sobrio
de una cantina
miente;
ese no soy yo

Credo

Creo en el diclofenaco sobre todas las cosas
en su omnipotente fusión vitamínica
amarga ruina de migrañas
necesaria amnistía de crudas
       visibles e invisibles

Creo en su efectividad que es una:
Analgésica   antipirética   y antinflamatoria
de seguridad no-selectiva ante el recuerdo nocturno
ante las hazañas diarias de vivir la vida diaria
de los números meses cayendo
sobre las horas fuego
de quema infinita

creo en la comunión de los analgésicos
y en el perdón de las resacas

Confieso el exceso y la automedicación
así como la fractura de los comprimidos
y la diaria toma
para el perdón de mis pecados

Espero reincidir pronto
Confesarme
ante la fresca frescura del marino marisco

y el pronto alivio de mis dolores enfermos
así como el olvido perpetuo
de todas mis   —y sus—
tardesnochesdías   de malacopa

Sísifo

Uno nunca
termina
de
empezar
a
tomar
Cae la
lata
vacía
se abre
una
que
Ba-llena.

Cerveza

El problema
(que no es problema)
no es que uno sea borracho
la queja
(que no es queja)
es que uno
ignora
el
tomar
po
qui
to

Lobby

No hay peor condena
que una puerta
cuerpo de cristal
vacía

Una puerta   y su cuerpo traslucido
es jaula
prisión de vivienda clandestina
donde el huésped del grillete
tiene negada la calle   la lluvia   el cielo borroso
presagio de brisas fuego
que siembran calor
y cosechan amarga canícula

porque hay cosas peores que morir de sed

una expedición indianayonezca
donde los caminos selváticos
de la tienda de la esquina
se extienden hacia los oasis
donde el Electrolit de uva es caro
y la Coca un vacío recuerdo de paredes blancas
y no queda más que convertirse en tripulante del Pequod
y seguir su santa encomienda de cazar ballenas
y sumergirse en el etílico idilio

y ser borrado de las raciones diarias del calor
           de las conversaciones
           risas y amanecidas santas
y olvidar la eugenesia interna y externa
de todos los océanos infierno sobre mi cuerpo

Las puertas
las de cristal
a veces
estando llenas
también
son
o   l   v   i   d   o

Con la boca llena de tierra

I

Voy a cerrar la ventana
para que la niebla de esta noche no entre

y el lunar de tu mejilla
se quede aquí   impreso
en las células de esta habitación
en mis manos amasando
la respiración de tu sueño

el solo susurro sonámbulo

suspiro del nombre de la mañana
floreciendo en tu vientre
en nuestras manos juntas de sol
buenos días de ojos café con galletas
satélites   espejos
luz que amanece

Voy a cerrar la ventana para quedarnos aquí
foto instantánea de un sueño perdido

II

Por la carne también se llega al cielo.
"Booz canta su amor"
GILBERTO OWEN

Tu pecho rebelde
rompe las barreras de la sábana
y toda la habitación brilla

Estás desnuda
con tu cuerpo humano convertido en estrella
con tus carnes diosas convertidas en estrella
con tus diosas   —humanas todas–
        convertidas en estrella
y te quiero besar y lamer
y morder las mañanas
los sábados
los entiendos metidos bajo las costillas
bajo los padres nuestros
y bajo esta sábana
frontera de mi vientre y tu vientre
juntos
unidos
acuáticos
solos

Vamos a morir quemados de tu calor
y tú ni resuellas ante la furia,
ante lo torre   edificio
fuerte hinchazón de mi sangre
llena de los besos de tu pecho

Y te quiero como las cigarras
los campos y las flores de verano
quieren a las lluvias

III

Toda la tierra será testigo de la luz
Toda la tierra y las piedras que   sin motivo
se aferran a ella
serán infestadas del calor   de ti

Comerán de ti
Se llenarán de ti

Sus rocosas pieles sin tacto
serán fértiles fotosíntesis
que rodarán a fecundar los campos perdidos
          áridos

Los ríos rodarán llenos rumbo al cielo
y cada pez cantará tu nombre

No habrá más fe que tu voz

Tus ojos serán luz
y tu reino no tendrá fin

IV

Solo el fantasma de tus lentes y labios
la poesía descompuesta y húmeda sobre tu cuerpo
queda
la ciudad   los caminos que deshacen
con las huellas del adiós
la marea boa
serpiente de mil destinos
que comprime mis besos   tus besos
todos los besos
hechos mar   oleaje
deuda que no se paga
y queda escrita con miradas
sobre mi boca
    el amanecer
pardo de un día
que grita el adiós

V

Tengo la boca llena de tierra

amarga

tierra oscura

de gramos arenosos tejidos de ausencia

y pájaros piedra

castrados de cielo

tengo la boca

           llena

del antónimo de ti

del aire suspiro

ausente de tu voz y de mi voz

        riendo

famélica condena esta necesidad

de los aromas de tu voz

y tu espacio

cubierto siempre ahora

por la oscuridad de la tierra

quiero gritar
golondrinas de mi garganta
que me regresen a ti

Tríptico como grito para definir el amanecer

I
Camino por tu mundo
ahora que duermes,
rozo la tierra; ando,
       Lázaro-resurrecto
entre cortinas de tus madrugadas
y cocinas de trastes sucios y salvajes
relojes que prometen el amanecer.

Camino,
dueño de nada salvo tus silencios;
tus piernas, tierra prometida,
son antítesis del mundo que nos rodea
      con la sequía.
Tú duermes.   Yo ando.
Sueñas.   Camino.
Entre pasillos

deshabitados por luz,
soy fragmento de nuestras noches juntos,
un recuerdo en tinieblas
    de la primera vez.

Nada doy por esta noche.
Nada   por esta neblina
izada ante tus ojos,
por ese mundo suspendido
por mis manos amasándote el calor,
los muslos, la fricción
        frenética y felina
de tu gemido-pliegue
        sobre mi boca.
Nada doy,
        es mía
la tarde jacaranda,
la madrugada suspiro,
la coreografía de tus labios
sobre las sombras de la piel mía.

Nada pasa en el mundo
        cuando no estás.

No grita el ferrocarril su paso de alma en pena.
No llora el viento,
        su penitencia

                traslúcida
de seguir siendo viento.
No se aman
        oscuramente
los gatos entre los tejados
de la ciudad.

Nadie se encuentra
        con nadie
ni se besan en *la punta de las pestañas*
        y en los pezones,
en los mares sumergidos entre los muslos,
y los martes   simples
floreciendo sobre las costillas.

Todo congela.
Todo detiene.
Todo fosiliza el instante de tu cuerpo
iluminado por la noche.

Nada nos pasa,
porque nada le pasa a nadie si tú no lo ves,
si tú duermes; si eres ausente.

Afuera,
algo como un canto o persona camina.
El mundo,

irreal como esta habitación,
gira sin tu mirada.
Adentro nada existe, si tú eres ausente.

Estoy a oscuras.

En soledad.

Ahora que no estás,
desnudémonos,
tomémonos de los ausentes
        y seamos cuerpos
acariciados por primera vez,
tocados,
masturbados por pétalo de mano ajena.

Desnúdame
        y guárdame;
son tuyos mis secretos,
el árbol caído de la niñez;
mis tumbas.
Tuyas mis palabras,
caricias que repito en soledad.

No digas nada; desnúdame.
Lo que más quiero
        es desnudarme

y ver cómo te desnudas
hecha de calles,
lloraderos de cicatrices cerradas,
penínsulas oscuras de tu madre;
y tus pechos, y tus nalgas, y todos los sí
tatuados en tu piel
que aún nos unen.

Que gana de morirnos en la plenitud de quien hace el amor,
que gana de querer y ser querido,
de ser tomado,
de ser.

Ahora que la madrugada es:
tómame, llévame, aplástame,
contradíceme, ahógame, despéinate,
muérdete, muérdeme,
crújenos, aúlla, desmiénteme, desúnete,
arrodíllame, dime que sí, jálame, jálame, jálame,
aquí, vuélanos, aprisióname,
alba, gime, grito, comezón, calambre,
lamida, raspón, golpe,
muévete, frenesí, húmero,
ida, maravilla, costillar de perlas,
sábanas, sudor, venida,
pirotecnia,
sí, sí, sí...
lluvia.

II

No
solo
de carne
vive el
hombre;
puedo
escribir
los besos
más
húmedos
esta
noche
y ponértelos
entre
las
piernas.

III

Algo como luz,
como marea de peces albos,
derrama tu nombre sobre blandas
oscuridades de mi cuerpo.
Escucho voces del agua;
nos nadan peces lumínicos

entre las piernas,

       entre las miradas en silencio

y el cansancio de escritorios,

y trabajos necios y brunos para vivir.

Desdibujas las noches de tus pestañas,

nos amaneces brisa, lluvia radiante,

fantasma   *que deshollina todo mi cuerpo.*

Amaneces tú   jacaranda en primavera,

cerezo otoñal,

       amapola

destilándose por todo el cuarto,

floreciendo,

caminando

    sobre tus livianas,

hondas, suaves piernas blancas.

Qué gana de ser parte de tus piernas,

qué cálida, que precisa la desesperación

       de vivir tus piernas,

y que alivio, y que abrigo y que gusto

cuando tus muslos me eligen

y soy huésped,   agricultor;

fiel congregado a la religión de tu piel.

Hay días en quisiera hallarme aire,

suspiro delgado que apenas te toca.

Días en que la sombra de mi piel crece
y mis células murmuran tu nombre.
Hay días en los que ¡Ay, días!, quisiera
          dibujar tu cuerpo
de memoria con la lengua
en un bloque de sal,
y escribir mil veces tu nombre
para que nadie en el mundo olvide
de los sonidos de la luz.

Caminas.
Turbulentamente caminas, y
algo en la manera que te mueves
baila en la habitación,
se incrusta en el viento
con aleteo de amapa que suspira
sembrándose huracán en mis ojos,
pero *mis ojos estaban en su propia fiesta,*
acariciando tu piel
que despertaba para iluminar el mundo.

Sobre el autor

Sergio H. García (Nayarit, México. 1995). Dirige la revista de difusión cultural Poetómanos desde 2016 y editor en Ediciones del Olvido desde 2021. Escritor de las columna musical «Ecos de habitación» publicada quincenalmente en el Periódico Poético y de la columna mensual de cine «Lenguaje para soñar en la oscuridad», publicada en Revista Alcantarilla de Mazatlán, Sinaloa. Mención honorífica en el concurso de Poesía Erótica y Amorosa del estado de Nayarit. Lo han publicado en antologías como *En la palma de tu mano* (Zompantle. 2020), *Detrás del velo: sobre los sueños y la muerte: antología de escritores mexicanos* (Catarsis ediciones. 2020), *Celeste: Antología de poesía mexicana* (Winged. 2022), *Diásporas del abismal: Antología de poetas Mexicanos y ecuatorianos* (Lunada Ediciones. 2020); así como en distintas revistas de distribución nacional como Tierra Adentro, Círculo de Poesía, Los demonios y los días, Revista Fósforo, Periódico Poético, Revista Zur o Revista Alcantarilla. Autor de *Que Ninguna tormenta se acerque* (Crisálida Ediciones, 2021). Becario del programa Los Signos en rotación, Festival Interfaz ISSSTE-Cultura Guanajuato 2018, y Segundo lugar en el concurso Páramo de Sueños en 2019.

Mayo 2023
Impreso en Buenos Aires,
Buenos Aires Poetry
www.editorialbuenosairespoetry.com